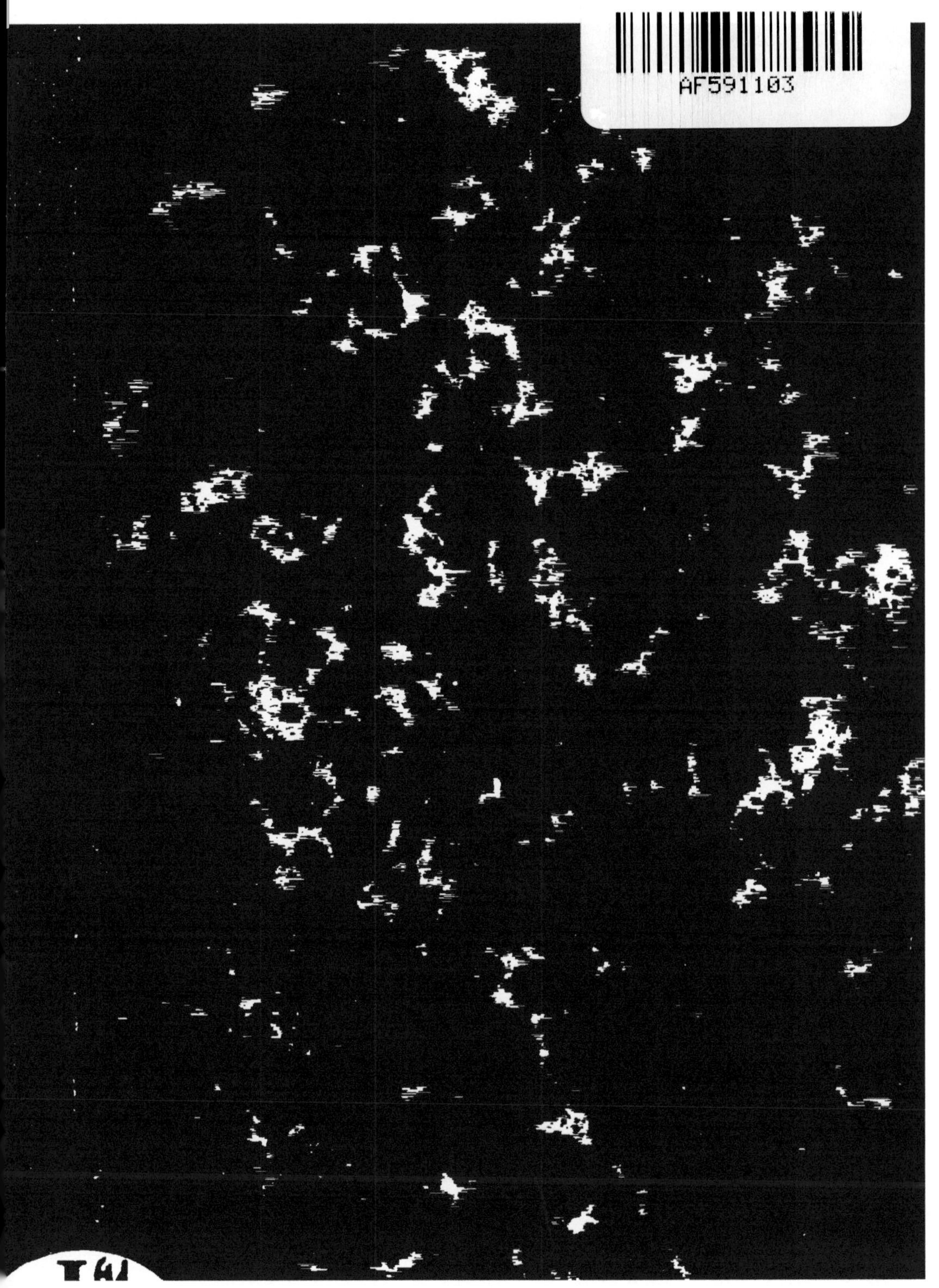

RÉCIT
DES ÉVÈNEMENTS
ARRIVÉS AU TEMPLE.

DE L'IMPRIMERIE DE FIRMIN DIDOT,
IMPRIMEUR DU ROI, RUE JACOB, N° 24.

RÉCIT
DES ÉVÈNEMENTS
ARRIVÉS AU TEMPLE,

DEPUIS LE 13 AOUT 1792
JUSQU'A LA MORT DU DAUPHIN LOUIS XVII.

PARIS,
AUDOT, LIBRAIRE-ÉDITEUR,
RUE DES MAÇONS-SORBONNE, N° 11.

1823.

Le Roi, mon père, arriva au Temple le 13 août 1792, à sept heures du soir, avec sa famille. Les canonniers voulurent le conduire seul à la tour, et nous laisser au château. Manuel avait reçu en chemin un arrêté pour nous enfermer tous à la tour. Pétion calma la rage des canonniers, et nous entrâmes tous ensemble au château. Les municipaux gardaient à vue mon père. Pétion s'en alla, Manuel était resté; et mon père soupa avec nous. Mon frère se mourait d'envie de dormir. Madame de Tourzel le conduisit à onze heures à la tour qui devait décidément être notre demeure. Mon père y fut conduit avec nous à une heure du matin; il n'y avait rien de préparé. Ma tante coucha à la cuisine; et l'on prétend que Manuel parut honteux en l'y conduisant.

Voici les noms des personnes qui furent

enfermées avec nous dans ce triste séjour : madame la princesse de Lamballe; madame de Tourzel et Pauline, sa fille; MM. Hue et Chamilly, qui appartenaient à mon père; ils couchaient tous deux dans une chambre en haut; madame de Navarre, femme de chambre de ma tante, et qui couchait à la cuisine avec elle, ainsi que Pauline; madame Saint-Brice, femme de chambre chez mon frère; elle couchait dans le billard avec lui et madame de Tourzel; madame Thibaut, à ma mère; et madame Basire, à moi : elles couchaient toutes deux en bas. Mon père avait trois hommes à lui, Turgis, Chrétien et Marchant.

Le lendemain 14, mon frère vint déjeuner avec ma mère; nous allâmes ensuite voir les grandes salles de la tour, où l'on dit qu'on nous ferait des logements, parce que nous étions dans la tourelle, qui était trop petite pour tout le monde. Le lendemain, Manuel et Santerre étant venus, nous allâmes nous promener dans le jardin. On murmurait beaucoup contre les femmes qui nous avaient suivis. Dès notre arrivée, nous en avions trouvé d'autres, nommées par Pétion pour nous servir :

nous n'en voulûmes point. Le surlendemain, on apporta un arrêté de la commune, qui ordonnait le départ des personnes qui étaient venues avec nous. Mon père et ma mère s'y opposèrent, ainsi que les municipaux qui étaient de garde au Temple; l'ordre fut révoqué pour le moment. Nous passions la journée ensemble. Mon père montrait la géographie à mon frère; ma mère lui enseignait l'histoire, et lui faisait apprendre des vers; ma tante lui donnait des leçons de calcul. Mon père avait heureusement trouvé une bibliothèque, qui l'occupait; ma mère faisait de la tapisserie. Les municipaux étaient très-familiers, et avaient peu de respect pour le Roi; il en restait toujours un qui le gardait à vue. Mon père fit demander un homme et une femme pour faire le gros ouvrage.

La nuit du 19 au 20 août, on apporta un nouvel arrêté de la commune, qui ordonnait d'emmener du Temple toutes les personnes qui n'étaient point de la famille royale. On enleva MM. Hue et Chamilly de chez mon père, qui resta seul avec un municipal. On descendit chez ma mère pour enlever madame de

Lamballe. Ma mère s'y opposa fortement, en disant, ce qui était vrai, que cette princesse était de la famille royale : cependant on l'emmena. Ma tante descendit avec madame de Navarre et Pauline de Tourzel. Les municipaux assuraient que ces dames reviendraient après avoir été interrogées. On traîna mon frère dans la chambre de ma mère, pour ne pas le laisser seul. Ma mère ne pouvait pas s'arracher des bras de madame la princesse de Lamballe. Nous embrassâmes ces dames, espérant cependant encore les revoir le lendemain. Nous restâmes tous quatre sans dormir. Mon père, quoique éveillé, demeura chez lui, où les municipaux restèrent aussi. Le lendemain, à sept heures, nous apprîmes que ces dames ne reviendraient pas au Temple, et qu'on les avait conduites à la Force. Nous fûmes bien étonnés, à neuf heures, en voyant entrer M. Hue, qui dit à mon père que le conseil-général, l'ayant trouvé innocent, le renvoyait au Temple.

Après le dîner, Pétion envoya un homme et une femme nommés Tison, pour faire le gros ouvrage. Ma mère prit mon frère dans sa chambre, et m'envoya dans une autre avec ma tante. Nous n'étions séparées de ma mère que par une petite chambre où étaient un municipal et une sentinelle. Mon père était en haut; et, sachant qu'on lui préparait un appartement, il ne s'en soucia pas, parce qu'il aurait été plus éloigné de nous.

Il fit venir Palloi, le maître des ouvriers, pour empêcher d'achever ce logement; mais Palloi répondit insolemment qu'il ne prenait d'ordre que de la commune. Nous montions tous les jours chez mon père pour déjeuner, et ensuite nous redescendions avec lui chez ma mère, où il passait la journée. Nous allions tous les jours nous promener dans le jardin pour la santé de mon frère; mon père y était toujours insulté par la garde. Le jour de la Saint-Louis, à sept heures du matin, on chanta l'air *Ça ira* auprès du Temple.

Nous apprîmes le matin, par un municipal, que M. de la Fayette était sorti de France : Manuel confirma le soir cette nouvelle à mon père. Il apporta à ma tante Élisabeth une lettre de mes tantes de Rome; c'est la dernière que ma famille ait reçue du dehors. Mon père n'était plus qualifié du titre de Roi; on n'avait plus aucun respect pour lui; on ne l'appelait plus ni Sire, ni Sa Majesté, mais monsieur, ou Louis. Les municipaux étaient toujours assis dans sa chambre, et ils avaient leurs chapeaux sur la tête. Ils lui ôtèrent son épée, et fouillèrent ses poches. Pétion envoya, pour servir mon père, Cléry qui lui appartenait; il envoya aussi pour porte-clef et guichetier l'homme horrible qui força la porte de mon père, le 20 juin 1792, et qui pensa l'assassiner. Cet homme fut toujours à la tour, et essaya toutes les manières de le tourmenter. Tantôt il chantait devant nous la *Carmagnole* et mille autres horreurs; tantôt, sachant que ma mère n'aimait pas l'odeur de la pipe, il lui en soufflait, ainsi qu'à mon père, une bouffée lorsqu'ils passaient. Il était toujours couché quand nous allions souper, parce qu'il fallait passer par sa chambre; quelquefois même il était dans son lit quand nous allions dîner. Il n'y eut sorte de tourments et d'injures qu'il n'inventât. Mon père souffrait tout avec douceur, pardonnant de tout son cœur à cet homme. Pour ma mère, elle supportait tout cela avec une dignité qui souvent en imposait.

Le jardin était plein d'ouvriers qui injuriaient souvent mon père. Il y en eut un qui, devant lui, se vantait de vouloir abattre avec son outil la tête de la Reine. Pétion cependant le fit arrêter. Les injures redoublèrent le 2 septembre : nous ignorions pourquoi. Des fenêtres, on jeta à mon père des pierres qui, heureusement, ne tombèrent pas sur lui. Une femme, apparemment de nos amis, écrivit sur un grand carton : *Verdun est pris ;* elle mit ce carton à sa fenêtre, et ma tante eut le temps de le lire. Les municipaux ne le virent pas. A peine venions-nous d'apprendre cette nouvelle, qu'il arriva un nouveau municipal nommé Mathieu. Il était enflammé de colère, et dit à mon père de rentrer chez lui. Nous le suivîmes, craignant qu'on ne voulût nous séparer. En arrivant en haut, Mathieu trouva M. Hue qu'il prit au collet, en disant qu'il l'arrêtait. M. Hue, pour gagner le temps de prendre les ordres de mes parents, demanda à faire un paquet de ses effets; Mathieu le lui refusa; mais un autre municipal plus charitable y consentit. Mathieu se tourna alors vers mon père, et lui dit tout ce que la plus indigne rage peut suggérer, et, entre autres choses : *La générale a battu, le tocsin a sonné, le canon d'alarme a été tiré, les émigrés sont à Verdun : s'ils viennent, nous périrons tous ; mais vous périrez les premiers.* Mon père écoutait ces injures et mille autres pareilles avec le calme que donne l'espérance. Mon frère fondait en larmes, et s'enfuit dans l'autre chambre. Je courus à lui, et j'eus toutes les peines du monde à le consoler : il croyait déja voir mon père mort. M. Hue revint, et, après que Mathieu eut encore recommencé ses injures, il sortit avec lui. M. Hue fut conduit à la mairie. Le massacre était déja commencé à l'Abbaye. Il resta un mois en prison, en sortit, mais ne revint plus au Temple.

Les municipaux condamnaient tous la conduite violente de Mathieu; cependant ils ne pouvaient pas mieux faire. Ils disaient à mon père qu'on était sûr que le roi de Prusse marchait, et tuait tous les Français par un ordre signé Louis. Il n'y avait pas de calomnies qu'ils n'inventassent, même les plus ridicules et les plus incroyables. Ma mère, qui ne put dormir, entendit battre la générale toute la nuit : nous ignorions pourquoi.

Le 3 septembre, à huit heures du matin, Manuel vint voir mon père, et l'assura que madame de Lamballe, ainsi que toutes les personnes enlevées du Temple, se portaient bien, et qu'elles étaient toutes ensemble, tranquilles, à la Force. A trois heures, nous entendîmes des cris affreux : le Roi sortait de table et jouait au trictrac avec ma mère, pour avoir une contenance et pouvoir se dire quelques mots sans être entendus. Le municipal qui était de garde dans la chambre se conduisit bien : il ferma la porte et la fenêtre, ainsi que les rideaux, pour qu'on ne vît rien. Les ouvriers du Temple et le guichetier Rocher se joignirent aux assassins, ce qui augmenta le bruit. Plusieurs officiers de garde et des municipaux arrivèrent ; les premiers voulurent que mon père se montrât aux fenêtres. Les municipaux heureusement s'y opposèrent ; et mon père ayant demandé ce qui se passait, un jeune officier lui dit : « Eh bien, puisque vous voulez le savoir, c'est la tête de madame de Lamballe qu'on veut vous montrer. » Ma mère fut saisie d'horreur : c'est le seul moment où sa fermeté l'ait abandonnée. Les municipaux grondèrent l'officier; mais mon père, avec sa bonté ordinaire, l'excusa, en disant que ce n'était point la faute de cet officier, mais la sienne, puisqu'il l'avait interrogé. Le bruit dura jusqu'à cinq heures. Nous sûmes que le peuple avait voulu forcer les portes, que les municipaux l'empêchèrent en mettant à la porte une écharpe tricolore, qu'enfin ils avaient permis que six des assassins fissent le tour de notre prison, avec la tête de madame de Lamballe, mais à condition qu'on laisserait à la porte le corps que l'on voulait traîner. Quand cette députation entra, Rocher poussa mille cris de joie en voyant la tête de madame de Lamballe, et gronda un jeune homme qui se trouva mal, tant il fut saisi d'horreur à ce spectacle. A peine le tumulte était-il fini que Pétion, au lieu de s'occuper d'arrêter le massacre, envoya froidement son secrétaire à mon père pour compter de l'argent. Cet homme était très-ridicule, et dit mille choses qui auraient fait rire dans un autre moment: il croyait que ma mère se tenait debout pour lui, parce que, depuis cette affreuse scène, elle était restée debout, immobile, ne voyant rien de ce qui se passait dans la chambre. Le municipal qui avait sacrifié son écharpe se la fit payer par mon père. Ma tante et moi nous entendîmes battre la générale toute la nuit, ma malheureuse mère n'essaya pas même de dormir; nous entendions ses sanglots: nous ne croyions pas que le massacre durât encore; ce ne fut que quelque temps après, que nous apprîmes qu'il avait duré trois jours. On ne peut rendre toutes les scènes qui eurent lieu, tant de la part des municipaux que de la garde : tout leur faisait peur, tant ils se croyaient coupables. Un jour, dans l'intérieur, un homme tira un coup de fusil pour l'essayer; ils l'interrogèrent soigneusement et firent un procès-verbal. Une autre fois, pendant le souper, on cria aux armes; ils crurent que c'étaient les étrangers qui arrivaient; l'horrible Rocher prit un grand sabre et dit à mon père: *S'ils arrivent, je te tue.* Ce n'était pourtant qu'un embarras de patrouilles. Une autrefois, une centaine d'ouvriers, conduits peut-être par quelqu'un de nos amis, entreprirent de forcer la grille du côté de la rotonde. Les municipaux et la garde accoururent; ces ouvriers furent dispersés, et peut-être, hélas! y eut-il des victimes. Leur sévérité augmentait tous les jours. Nous trouvâmes pourtant deux municipaux qui adoucirent les tourments de mes parents en leur montrant de la sensibilité, et en leur donnant de l'espérance. J'ai peur qu'ils ne soient morts. Il y eut aussi une sentinelle qui eut une conversation avec ma tante par le trou de la serrure. Le malheureux ne fit que pleurer tout le temps qu'il fut au Temple; j'ignore aussi ce qu'il est devenu : puisse le ciel l'avoir récompensé de son attachement pour son Roi!

Lorsque je prenais des leçons et que ma mère me préparait des extraits, il fallait toujours qu'il y eût un municipal qui regardât par dessus mon épaule, croyant que c'étaient des conspirations. On nous ôta les journaux, de peur que nous ne sussions les nouvelles étrangères; cependant, un jour, on en apporta un à mon père, en lui disant qu'il y avait quelque chose d'intéressant : quelle horreur! On y lisait qu'on ferait un boulet de canon avec sa tête. Le silence calme et méprisant de mon père trompa la joie que l'on avait montrée en apportant cet infernal écrit. Un soir un municipal, en arrivant, dit mille injures et menaces, et répéta ce qui nous avait déja été dit, que nous péririons tous si les ennemis approchaient. Il ajouta que mon frère seul lui faisait pitié, mais qu'étant fils d'un tyran il devait mourir. Voilà les scènes que ma famille avait à supporter tous les jours.

La république fut établie le 22 septembre : on nous l'apprit avec joie; on nous annonça aussi le départ des étrangers; nous ne pouvions pas y croire, mais c'était vrai. Au commencement d'octobre, on nous ôta plumes, papier, encre et crayons; on chercha partout, même avec dureté. Cela n'empêcha pas que ma mère et moi ne cachâmes nos crayons que nous gardâmes; mon père et ma tante donnèrent les leurs. Le soir du même jour, comme mon père venait de souper, on lui dit d'attendre, qu'il irait dans l'autre logement, et qu'il serait séparé de nous. A cette affreuse nouvelle, ma mère perdit son courage et sa fermeté ordinaire. Nous le quittâmes avec bien des larmes, espérant cependant le revoir. Le lendemain, on nous apporta à déjeuner séparément de lui : ma mère ne voulut rien prendre. Les municipaux, effrayés et troublés par sa morne douleur, nous accordèrent de voir mon père, mais aux heures des repas seulement, nous défendant de parler bas, ou en langues étrangères, mais haut, *et en bon français.* Nous descendîmes pour dîner chez mon père, et avec bien de la joie de le revoir. Il y eut un municipal qui s'aperçut que ma tante avait parlé bas à mon père : il lui en fit une scène. Le soir à souper, mon frère étant couché, ma mère ou ma tante allait avec lui, et l'autre venait souper avec moi chez mon père. Le matin, nous y restions, après déjeuner, le temps nécessaire pour que Cléry pût nous peigner, parce qu'il ne pouvait plus venir chez ma mère, et que c'était gagner quelques moments pour rester plus long-temps avec mon père. Nous allions nous promener ensemble tous les jours à midi.

Manuel vint chez mon père ; il lui ôta avec dureté son cordon rouge, et l'assura qu'il n'y avait que madame de Lamballe qui eût péri de toutes les personnes qui avaient été au Temple. On fit prêter serment à Cléry, à Tison et à sa femme, d'être fidèles à la nation. Un municipal, un soir en arrivant, éveilla brusquement mon frère, pour voir s'il y était; c'est le seul mouvement d'impatience que j'aie vu ma mère témoigner. Un autre municipal dit à ma mère que le projet de Pétion était de ne pas faire mourir mon père, mais de l'enfermer pour sa vie au château de Chambord avec mon frère. J'ignore quel était le dessein de cet homme, en donnant cette nouvelle; nous ne l'avons jamais revu depuis. On fit loger mon père dans un appartement au-dessous de celui de ma mère; mon frère coucha dans sa chambre; Cléry couchait aussi dans l'appartement avec un municipal. Les fenêtres étaient fermées avec des barreaux de fer et des abat-jours; les cheminées fumaient beaucoup. Voici comment alors se passaient les journées de mes parents : mon père se levait à sept heures et priait Dieu jusqu'à huit; ensuite il s'habillait, ainsi que mon frère, jusqu'à neuf, qu'il venait déjeuner chez ma mère. Après déjeuner, mon père donnait à mon frère quelques leçons jusqu'à onze heures; il jouait jusqu'à midi, heure à laquelle nous allions nous promener tous ensemble tel temps qu'il fît, parce que la garde, qui relevait à cette heure là, voulait nous voir pour s'assurer de notre présence; la promenade durait jusqu'à deux heures, que nous dînions. Après dîner, mon père et ma mère jouaient au tric-trac ou au piquet, ou, pour mieux dire, faisaient semblant de jouer, afin de pouvoir se dire quelques mots. A quatre heures, ma mère remontait avec nous et emmenait mon frère, parce qu'alors le Roi dormait ordinairement. A six heures, mon frère descendait; mon père le faisait apprendre et jouer jusqu'à l'heure du souper. A neuf heures, après ce repas, ma mère le déshabillait promptement et le mettait au lit. Nous remontions ensuite, et le Roi ne se couchait qu'à onze heures. Ma mère travaillait beaucoup à la tapisserie, et me faisait étudier et souvent lire haut. Ma tante priait Dieu et disait toujours l'office; elle lisait beaucoup de livres de piété, et souvent la Reine la priait de les lire haut.

On nous rendit les journaux, pour y voir le départ des étrangers et les horreurs contre le Roi dont ils étaient pleins. On nous dit un jour : « Mesdames, je vous annonce une bonne nouvelle; beaucoup de traîtres émigrés ont été pris; si vous êtes patriotes, vous devez vous en réjouir. » Ma mère, comme à l'ordinaire, ne dit mot, et n'eut pas même l'air d'entendre; souvent son calme si méprisant et son maintien si digne en imposèrent : c'était rarement à elle qu'on osait adresser la parole. La Convention vint pour la première fois voir le Roi. Les membres qui composaient la députation lui demandèrent s'il n'avait pas quelques plaintes à former : il dit que non, et qu'il était content lorsqu'il était avec sa famille. Cléry se plaignit de ce qu'on ne payait pas les marchands qui fournissaient au Temple; Chabot répondit : *La nation n'est pas à un écu près.* Les députés qui se présentèrent furent Chabot, Dupont, Drouet et Lecointre Puyravaux. Ils vinrent encore après le dîner faire les mêmes questions. Un jour après, Drouet revint seul et demanda à la Reine si elle n'avait pas de plaintes à former. Ma mère ne lui répondit pas. Quelques temps après, comme nous étions à dîner, des gendarmes entrèrent, se jetèrent brusquement sur Cléry, et lui ordonnèrent de les suivre au tribunal. Quelques jours avant, Cléry, descendant l'escalier avec un municipal, avait rencontré un jeune homme de sa connaissance qui était de garde; ils s'étaient dit bonjour et serré la main; le municipal l'avait trouvé mauvais et avait fait arrêter le jeune homme. C'était pour comparaître au tribunal avec lui qu'on venait chercher Cléry. Mon père demanda qu'il revînt, les municipaux l'assurèrent qu'il ne reviendrait pas; cependant il fut de retour à minuit. Il demanda au Roi pardon de sa conduite passée dont les manières de mon père, les exhortations de ma tante et les souffrances de mes parens le firent changer; il fut depuis très-fidèle.

Un jour nous entendîmes un grand bruit de gens qui demandaient la tête de mon père et de ma mère, ayant la cruauté de venir crier cela sous nos fenêtres.

Mon père tomba malade d'un gros rhume; on lui accorda un médecin et son apothicaire, Lemonier et Robert; la commune fut inquiète, il y eut tous les jours un bulletin de sa santé; elle se rétablit cependant. Toute la famille fut incommodée de rhume; mais mon père fut le plus malade.

La commune changea le 2 décembre ; les nouveaux municipaux vinrent reconnaître mon père et sa famille à dix heures du soir. Quelques jours après, il y eut un arrêté qui ordonnait de faire sortir de nos appartements Tison et Cléry; de nous ôter couteaux, ciseaux et tous les autres instruments tranchants ; il ordonnait aussi de goûter avec soin tous les plats qu'on nous servait. La visite fut faite pour les instruments tranchants ; ma mère et moi nous donnâmes nos ciseaux.

Le 11 décembre, nous fûmes fort inquiets du tambour qui battait, et de la garde qui arrivait au Temple. Mon père descendit avec mon frère après le déjeuner. A onze heures, arrivèrent chez lui Chambon et Chaumette, l'un maire, et l'autre procureur-général de la commune, et Colombeau secrétaire-greffier. Ils lui signifièrent le décret de la Convention, qui ordonnait qu'il serait amené à la barre pour être interrogé ; ils l'engagèrent à envoyer mon frère à ma mère ; mais n'ayant pas dans leurs mains le décret de la Convention, ils firent attendre mon père pendant deux heures: il ne partit qu'à une heure, et monta dans la voiture du maire avec Chaumette et Colombeau; la voiture était escortée par des municipaux à pied. Mon père ayant observé que Colombeau saluait beaucoup de monde, lui demanda si c'était tout de ses amis; Colombeau dit : « Ce sont des braves citoyens du 10 août, que je ne vois jamais sans beaucoup de joie. »

Je ne parle pas de la conduite de mon père à la Convention ; tout le monde la connaît : sa fermeté, sa douceur, sa bonté, son courage au milieu des assassins altérés de son sang, sont des traits qui ne s'oublieront jamais, et que la postérité la plus reculée admirera.

Le Roi revint à six heures à la tour du Temple avec le même cortège. Nous avions été dans une inquiétude qu'il est impossible d'exprimer. Ma mère avait tout tenté auprès des municipaux qui la gardaient pour apprendre ce qui se passait; c'était la première fois qu'elle daignait les questionner. Ces hommes ne voulurent pas le dire; ce ne fut qu'à l'arrivée de mon père que nous l'apprîmes. Quand il fut rentré, elle demanda instamment à le voir ; elle le fit demander même à Chambon, et n'en reçut aucune réponse. Mon frère passa la nuit chez elle ; il n'avait pas de lit, elle lui donna le sien, et resta toute la nuit debout, dans une douleur si morne que nous ne voulions pas la quitter ; mais elle nous força à nous coucher, ma tante et moi. Le lendemain, ma mère redemanda à voir mon père, et à lire les journaux pour connaître son procès ; elle insista au moins, pour que, si elle ne pouvait pas le voir, cette permission fût accordée à mon frère et à moi. On porta cette demande au conseil-général ; les journaux furent refusés : on nous permit à mon frère et à moi de voir mon père, mais à condition que nous serions absolument séparés de ma mère. On en fit part à mon père, qui dit que, quelque plaisir qu'il eût à voir ses enfants, la grande affaire qu'il avait ne lui permettait pas de s'occuper de son fils, et que sa fille ne pouvait pas quitter sa mère. On fit monter le lit de mon frère dans la chambre de ma mère.

La Convention vint voir mon père ; il demanda des conseils, de l'encre, du papier et des rasoirs pour se faire la barbe : tout cela lui fut accordé. MM. de Malesherbes, Tronchet et Desèze, ses conseils, se rendirent auprès de lui ; il était souvent obligé pour leur parler d'aller dans la tourelle, afin de n'être pas entendu. Il ne descendit plus au jardin, ainsi que nous ; il ne savait de nos nouvelles, et nous des siennes, que par des municipaux, et encore bien difficilement. J'eus mal au pied ; et mon père l'ayant su, s'en affligea avec sa bonté ordinaire, et s'informa avec soin de mon état. Ma famille trouva dans cette commune quelques hommes charitables qui, par leur sensibilité, adoucirent ses tourments ; ils assuraient ma mère que mon père ne périrait pas, et que son affaire serait renvoyée aux assemblées primaires, qui le sauveraient certainement : hélas ! ils s'abusaient eux-mêmes, ou par pitié ils cherchaient à tromper ma mère. Le 26 décembre, jour de saint Étienne, mon père fit son testament, parce qu'il croyait être assassiné ce jour-là, en allant à la barre de la Convention. Il y alla cependant avec son calme ordinaire, et laissa à M. Desèze le soin de sa défense. Il était parti à onze heures et revint à trois. Depuis il vit tous les jours ses conseils.

Enfin, le 18 janvier, jour auquel le jugement fut porté, les municipaux entrèrent à onze heures chez le Roi, en disant qu'ils avaient ordre de le garder à vue ; il demanda si son sort était décidé, ils répondirent que non. Le lendemain matin, M. de Malesherbes vint lui apprendre que sa sentence était prononcée : « Mais, Sire, ajouta-t-il, les scélérats ne sont pas encore les maîtres, et tout ce qu'il y a d'honnêtes gens viendra sauver votre Majesté, ou périr à ses pieds. » *M. de Malesherbes*, dit mon père, *cela compromettrait beaucoup de monde, et mettrait la guerre civile dans Paris : j'aime mieux mourir. Je vous prie de leur ordonner de ma part, de ne faire aucun mouvement pour me sauver ; le Roi ne meurt pas en France.* Après cette dernière conférence, il ne put voir ses conseils ; il donna aux municipaux une note pour les demander, et se plaindre de la gêne où il était d'être gardé à vue ; on n'y fit aucune attention.

Le dimanche, 20 janvier, Garat, ministre de la justice, et les autres membres du pouvoir éxécutif, vinrent lui notifier sa sentence de mort pour le lendemain ; mon père l'écouta avec courage et religion. Il demanda un sursis de trois jours, pour savoir ce que deviendrait sa famille, et avoir un confesseur catholique. Le sursis fut refusé ; Garat assura mon père qu'il n'y avait aucune charge contre sa famille, et qu'on la renverrait hors de France. Il demanda pour confesseur l'abbé Edgeworth de Firmont dont il donna l'adresse ; Garat le lui amena. Le Roi dîna, comme à l'ordinaire, ce qui surprit les municipaux, qui croyaient qu'il voudrait se tuer.

Nous apprîmes la sentence rendue contre mon père le dimanche 20, par les colporteurs qui vinrent la crier sous nos fenêtres. A sept heures du soir, un décret de la Convention nous permit de descendre chez lui ; nous y courûmes, et nous le trouvâmes bien changé. Il pleura de douleur sur nous, et non de la crainte de la mort ; il raconta son procès à ma mère, en excusant les scélérats qui le faisaient mourir ; il lui répéta qu'on voulait recourir aux assemblées primaires, mais qu'il s'y opposait, parce que cette mesure mettrait le trouble dans l'État. Il donna ensuite des instructions religieuses à mon frère, lui recommanda surtout de pardonner à ceux qui le faisaient mourir, et lui donna sa bénédiction, ainsi qu'à moi. Ma mère désirait ardemment que nous passassions la nuit auprès de mon père; il le refusa, en lui faisant sentir qu'il avait besoin de tranquillité ; elle lui demanda au moins de venir le lendemain matin, il le lui accorda ; mais quand nous fûmes parties, il dit aux gardes de ne pas nous laisser redescendre, parce que notre présence lui faisait trop de peine. Il resta ensuite avec son confesseur, se coucha à minuit, et dormit jusqu'à cinq heures, qu'il fut réveillé par le tambour. A six heures, l'abbé Edgeworth dit la messe, à laquelle mon père communia. Il partit vers neuf heures; en descendant l'escalier, il donna son testament à un municipal : il lui remit aussi une somme d'argent que M. de Malesherbes lui avait apportée, et le pria de la lui faire tenir ; mais les municipaux la gardèrent pour eux. Il rencontra ensuite un guichetier, qu'il avait repris un peu vertement la veille ; il lui dit : *Mathieu*, *je suis fâché de vous avoir offensé.* Il lut les prières des agonisants pendant le chemin. Arrivé à l'échafaud, il voulut parler au peuple; mais Santerre l'en empêcha, en faisant battre le tambour ; le peu de mots qu'il put prononcer ne fut entendu que de quelques personnes. Il se déshabilla alors tout seul; ses mains furent liées avec son mouchoir et non avec une corde. Au moment où il allait mourir, l'abbé lui dit : *Fils de saint Louis, montez au ciel!*

Il reçut le coup de la mort le 21 janvier 1793, à dix heures dix minutes du matin. Ainsi périt Louis XVI, roi de France, âgé de trente-neuf ans, cinq mois et trois jours, après avoir régné dix-huit ans; il avait été en prison cinq mois et huit jours.

Telle fut la vie du Roi, mon père, pendant sa rigoureuse captivité ; on n'y voit que piété, grandeur d'ame, bonté, douceur, courage et patience à supporter les plus infames traitements, les plus horribles calomnies; clémence pour pardonner de tout son cœur à ses assassins; amour de Dieu, de sa famille et de son peuple, amour dont il donna des preuves jusqu'à son dernier soupir, et dont il est allé recevoir la récompense dans le sein d'un Dieu tout puissant et miséricordieux.

Le matin de ce terrible jour, nous nous levâmes à six heures. La veille au soir, ma mère avait eu à peine la force de déshabiller et de coucher mon frère ; elle s'était jetée tout habillée sur son lit, où nous l'entendîmes toute la nuit trembler de froid et de douleur. A six heures et un quart, on ouvrit notre porte, et on vint chercher un livre de prières pour la messe de mon père ; nous crûmes que nous allions descendre, et nous eûmes toujours cette espérance, jusqu'à ce que les cris de joie d'une populace effrénée vinrent nous apprendre que le crime était consommé. Dans l'après dîner, ma mère demanda à voir Cléry, qui était resté avec mon père jusqu'à ses derniers moments, pensant qu'il l'avait peut-être chargé de commissions pour elle. Nous désirions cette secousse pour causer un épanchement à son morne chagrin, qui la sauvât de l'étouffement où nous la voyions. En effet, mon père avait ordonné à Cléry de rendre à ma malheureuse mère son anneau de mariage, ajoutant qu'il ne s'en séparait qu'avec la vie ; il lui avait aussi remis un paquet des cheveux de ma mère et des nôtres, en disant qu'ils lui avaient été si chers, qu'il les avait gardés sur lui jusqu'à ce moment. Les municipaux nous apprirent que Cléry était dans un état affreux, et au désespoir qu'on lui refusât de nous voir. Ma mère chargea des commissaires de sa demande pour le conseil-général ; elle demandait aussi des habits de deuil. Cléry passa encore un mois au Temple, et fut ensuite élargi.

Nous eûmes un peu plus de liberté ; les gardes croyaient qu'on allait nous renvoyer. Mais rien n'était capable de calmer les angoisses de ma mère ; on ne pouvait faire entrer aucune espérance dans son cœur : il lui était devenu indifférent de vivre ou de mourir. Elle nous regardait quelquefois avec une pitié qui faisait tressaillir. Heureusement le chagrin augmenta mon mal, ce qui l'occupa. On fit venir mon médecin Brunier et le chirurgien Lacaze ; ils me guérirent en un mois.

Nous pûmes voir les personnes qui nous apportaient les habits de deuil, mais en présence des municipaux. Ma mère ne voulut plus descendre au jardin, parce qu'il fallait passer devant la porte de la chambre de mon père, et que cela lui faisait trop de peine; mais, craignant que le défaut d'air fasse mal à mon frère et à moi, elle demanda à la fin de février à monter sur la tour, ce qui lui fut accordé. On s'aperçut dans la chambre des municipaux que le paquet scellé, où étaient le cachet du Roi, son anneau et plusieurs autres choses, avait été ouvert, le scellé cassé, et les objets emportés. Les municipaux s'en inquiétèrent; mais ils crurent enfin qu'ils avaient été enlevés par un voleur, qui savait que le cachet aux armes de France était garni d'or. La personne qui avait pris ces objets était bien intentionnée : ce n'était pas un voleur; elle l'avait fait pour le bien, parce que ma mère désirait que l'anneau et le cachet fussent conservés à son fils. Je sais quel est ce brave homme; mais, hélas! il est mort, non par suite de cette affaire, mais pour une autre bonne action. Je ne puis pas le nommer, espérant qu'il aura pu confier ces objets précieux à quelqu'un, avant de périr.

Dumouriez étant sorti de France, on nous resserra plus étroitement ; on construisit le mur qui sépare le jardin, on mit des jalousies au haut de la tour, et on boucha tous les trous avec soin. Le 25 mars, le feu prit à la cheminée. Le soir, Chaumette, procureur de la commune, vint pour la première fois reconnaître ma mère et lui demander si elle ne désirait rien. Ma mère demanda seulement une porte de communication avec la chambre de ma tante (les deux terribles nuits que nous avions passées chez elle, nous avions couché, ma tante et moi, sur un de ses matelas par terre). Les municipaux s'opposèrent à cette demande ; mais Chaumette dit que dans l'état de dépérissement où était ma mère, cela pourrait être nécessaire à sa santé, et qu'il en parlerait au conseil-général. Le lendemain, il revint à dix heures du matin avec Pasche, le maire, et cet affreux Santerre, commandant-général de la garde nationale. Chaumette dit à ma mère qu'il avait parlé au conseil-général de sa demande pour la porte, et qu'elle avait été refusée. Elle ne répondit rien. Pasche lui demanda si elle n'avait point de plaintes à porter. Ma mère dit : Non, et ne fit plus attention à ce qu'il disait. Quelque temps après, il se trouva de garde des municipaux qui adoucirent un peu nos chagrins par leur sensibilité. Nous connaissions de suite à qui nous avions à faire, ma mère surtout, qui nous a préservés plusieurs fois de nous livrer à de faux témoignages d'intérêt. Il y eut aussi un autre homme qui rendit des services à mes parents. Je connais tous ceux qui s'intéressèrent à nous, je ne les nomme pas, de peur de les compromettre dans l'état où sont les choses, mais leur souvenir est gravé dans mon cœur; si je ne puis leur en marquer ma reconnaissance, Dieu les récompensera ; mais si un jour je puis les nommer, ils seront aimés et estimés de toutes les personnes vertueuses.

Les précautions redoublèrent; on empêcha Tison de voir sa fille; il en prit de l'humeur. Un soir, un étranger apporta des effets à ma tante ; il se mit en colère de voir que cet homme entrait plus tôt que ses parents; il dit des choses qui engagèrent Pasche, qui était en bas, à le faire descendre. On lui demanda pourquoi il était si mécontent? De ne pas voir ma fille, répondit-il, et de ce que certains municipaux ne se conduisent pas bien (parce qu'ils parlaient bas à ma tante et à ma mère). On lui demanda les noms; il les donna, et affirma que nous avions des correspondants au-dehors. Pour en fournir des preuves, il dit qu'un jour, au souper, ma mère, tirant son mouchoir, laissa tomber un crayon; qu'une autre fois, chez ma tante, il avait trouvé des pains à cacheter et une plume dans une boîte. Après cette dénonciation, qu'il signa, on fit venir sa femme, qui répéta la même chose; elle accusa plusieurs municipaux, assurant que nous avions eu une correspondance avec mon père, pendant son procès, et elle dénonça mon médecin Brunier, qui me traitait pour le mal au pied, comme nous ayant appris des nouvelles: elle signa tout cela entraînée par son mari; mais elle en eut dans la suite bien des remords. Cette dénonciation fut faite le 19 avril; elle vit sa fille le lendemain. Le 20 à dix heures et demie du soir, ma mère et moi nous venions de nous coucher, lorsque Hébert arriva avec plusieurs autres municipaux; nous nous levâmes précipitamment. Ils nous lurent un arrêté de la commune qui ordonnait de nous fouiller à discrétion, ce qu'ils firent exactement jusque sous les matelas. Mon pauvre frère dormait; ils l'arrachèrent de son lit avec dureté pour fouiller dedans; ma mère le prit tout transi de froid. Ils ôtèrent à ma mère une adresse de marchand qu'elle avait conservée, un bâton de cire à cacheter qu'ils trouvèrent chez ma tante, et à moi ils me prirent un sacré cœur de Jésus et une prière pour la France. Leur visite ne finit qu'à quatre heures du matin. Ils firent un procès-verbal de tout ce qu'ils avaient trouvé, et forcèrent ma mère et ma tante de le signer, en les menaçant de nous emmener mon frère et moi si elles s'y refusaient. Ils étaient furieux de n'avoir trouvé que des bagatelles. Trois jours après, ils revinrent et demandèrent ma tante en particulier; alors ils l'interrogèrent sur un chapeau qu'ils avaient trouvé dans sa chambre: ils voulurent savoir d'où il lui venait, depuis quand elle le conservait, et pourquoi elle l'avait gardé. Elle répondit qu'il avait appartenu à mon père dans le commencement de sa captivité au temple, et qu'elle le lui avait demandé, afin de le conserver pour l'amour de son frère. Les municipaux dirent qu'ils allaient lui ôter ce chapeau comme chose suspecte; ma tante insista pour le garder, mais elle ne put l'obtenir; ils la forcèrent de signer sa réponse, et emportèrent le chapeau.

Ma mère montait tous les jours sur la tour pour nous faire prendre l'air. Depuis quelque temps mon frère se plaignait d'un point de côté; le 9 mai, à sept heures du soir, la fièvre le prit assez fortement, avec mal à la tête, et toujours le point de côté. Dans les premiers instants il ne pouvait rester couché parce qu'il étouffait. Ma mère s'inquiéta et demanda un médecin aux municipaux. Ils l'assurèrent que cette maladie n'était rien, et que sa tendresse maternelle s'effrayait mal à propos; cependant ils en parlèrent au conseil, et demandèrent de la part de ma mère le médecin Brunier. Le conseil se moqua de la maladie de mon frère, parce que Hébert l'avait vu à cinq heures sans fièvre; on refusa absolument Brunier, que Tison avait dénoncé peu de temps avant. Cependant la fièvre devint très-forte. Ma tante eut la bonté de venir prendre ma place dans la chambre de ma mère, pour que je ne couchasse pas dans l'air de la fièvre, et aussi pour l'aider à soigner mon frère; elle prit mon lit, et moi j'allai coucher dans sa chambre. La fièvre continua plusieurs jours, les accès étaient plus forts le soir.

Malgré que ma mère demandât un médecin, on fut plusieurs jours sans l'accorder. Enfin, un dimanche arriva Thierry, médecin des prisons, nommé par la commune pour soigner mon frère. Comme il vint le matin, il lui trouva peu de fièvre; mais ma mère lui ayant dit de revenir après le dîner, il la trouva très-forte, et désabusa les municipaux de l'idée qu'ils avaient que ma mère s'inquiétait pour rien; il leur dit au contraire que c'était plus sérieux qu'elle ne le pensait. Il eut l'honnêteté d'aller consulter Brunier sur la maladie de mon frère, et sur les remèdes qu'il fallait lui donner, parce que Brunier connaissait son tempérament (il était notre médecin dès l'enfance.) Il lui donna quelques médicaments qui lui firent du bien. Le mercredi, il lui fit prendre médecine, et le soir je revins coucher dans la chambre de ma mère; elle avait beaucoup d'inquiètude à cause de cette médecine, parce que la dernière fois que mon frère avait été purgé, il avait eu des convulsions affreuses; elle craignait qu'il n'en eût encore. Elle ne dormit pas de la nuit. Mon frère cependant prit sa médecine, et elle lui fit bien sans lui causer aucun accident. Quelques jours après, il en prit une seconde qui lui fit le même bien, excepté qu'il se trouva mal, mais par l'effet de la chaleur. Il n'eut plus que quelques accès de fièvre de temps en temps, et souvent son point de côté. Sa santé commença alors à s'altérer, et elle ne s'est jamais remise depuis; le manque d'air et d'exercice lui ayant fait beaucoup de mal, ainsi que le genre de vie que menait ce pauvre enfant, qui, à l'âge de huit ans, se trouvait toujours au milieu des larmes et des secousses, des saisissements et des terreurs continuelles.

Depuis quelque temps je couchais dans la chambre de ma mère, dans la crainte qu'elle ou mon frère ne se trouvât mal la nuit. Mais pendant sa maladie, ma tante était venue prendre ma place./

Le 31 mai nous entendîmes battre la générale et sonner le tocsin, sans qu'on voulût nous dire pourquoi il y avait tant de bruit. On défendit de nous laisser monter sur la tour pour prendre l'air; défense qui avait toujours lieu quand Paris était en rumeur. Au commencement de juin, Chaumette vint avec Hébert un soir à six heures, et demanda à ma mère si elle ne désirait rien, et si elle n'avait point de plaintes à former. Elle répondit non, et cessa de faire attention à lui. Ma tante demanda à Hébert le chapeau de mon père qu'il avait emporté; il dit que le conseil général n'avait pas jugé à propos de le lui rendre. Ma tante, voyant que Chaumette ne s'en allait point, et sachant combien ma mère souffrait intérieurement de sa présence, lui demanda pourquoi il était venu et pourquoi il restait: Chaumette lui dit qu'il avait fait la visite des prisons, et que toutes les prisons étant égales, il était venu au Temple. Ma tante lui répondit que non, parce qu'il y avait des personnes qu'on retenait justement et d'autres injustement. Ils étaient ivres tous les deux. Mon frère se trouva mal la nuit; le jour suivant, Thierry étant venu avec un chirurgien nommé

Soupé et un autre nommé Jupales, cette incommodité n'eut pas de suite.

Madame Tison devint folle; elle était inquiète de la maladie de mon frère, et depuis long-temps tourmentée de remords; elle languissait et ne voulait plus prendre l'air. Elle se mit un jour à parler toute seule. Hélas! cela me fit rire, et ma pauvre mère, ainsi que ma tante, me regardaient avec complaisance, comme si mon rire leur faisait du bien. Mais la folie de madame Tison augmentait; elle parlait tout haut de ses fautes, de ses dénonciations, de prison, d'échafaud, de la reine, de sa famille, de nos malheurs; se reconnaissant, par ses fautes, indigne d'approcher de mes parents. Elle croyait que les personnes qu'elle avait dénoncées avaient péri. Tous les jours elle attendait les municipaux qu'elle avait accusés, et ne les voyant pas, elle se couchait encore plus triste. Elle faisait des rêves affreux qui lui faisaient pousser des cris que nous entendions. Les municipaux lui permirent de voir sa fille, qu'elle aimait. Un jour que le portier, qui ne savait pas cet ordre, lui avait refusé l'entrée, les municipaux, voyant la mère désespérée, la firent venir à dix heures du soir. Cette heure effraya encore plus cette femme ; elle eut beaucoup de peine à se résoudre à descendre, et dans l'escalier elle disait à son mari : On va nous conduire en prison. Elle vit sa fille, mais ne put la reconnaître ; elle croyait toujours qu'on voulait l'arrêter. Elle remonta avec un municipal, et au milieu de l'escalier elle ne voulait plus ni monter ni descendre. Le municipal effrayé appela du monde pour la faire monter ; arrivée en haut, elle ne voulut pas se coucher ; elle ne fit que parler et crier, ce qui empêcha mes parents de dormir. Le lendemain, le médecin la vit et la trouva tout-à-fait folle. Elle était toujours aux genoux de ma mère lui demandant pardon. Il est impossible d'avoir plus de pitié que ma mère et ma tante pour cette femme, dont assurément elles n'avaient pas lieu de se louer. Elles la soignèrent et l'encouragèrent tout le temps qu'elle resta au Temple dans cet état. Elles tâchaient de la calmer par l'assurance véritable de leur pardon. Le lendemain, on la fit sortir de la tour, et on la mit au château ; mais sa folie augmentant de plus en plus, on la transporta à l'Hôtel-Dieu, et l'on mit auprès d'elle une femme chargée de l'espionner et de recueillir ce qui pourrait lui échapper. Les municipaux nous demandèrent du linge pour la femme qui en avait eu soin pendant qu'elle était au château du Temple.

Le 3 juillet, on nous lut un décret de la Convention, qui portait que mon frère serait séparé de nous et logé dans l'appartement le plus sûr de la tour. A peine l'eut-il entendu, qu'il se jeta dans les bras de ma mère, en poussant les hauts cris et demandant à n'être pas séparé d'elle. De son côté, ma mère fut attérée par ce cruel ordre; elle ne voulut pas livrer mon frère, et défendit contre les municipaux le lit où elle l'avait placé. Ceux-ci, voulant absolument l'avoir, menaçaient d'employer la violence et de faire monter la garde. Ma mère leur dit qu'ils n'avaient donc qu'à la tuer avant de lui arracher son enfant; et une heure se passa ainsi en résistance de sa part, en injures, en menaces de la part des municipaux, en pleurs et en défenses de nous tous. Enfin, ils la menacèrent si positivement de le tuer ainsi que moi, qu'il fallut qu'elle cédât encore par amour pour nous. Nous le levâmes ma tante et moi, car ma pauvre mère n'avait plus de force, et après qu'il fut habillé, elle le prit et le remit entre les mains des municipaux, en le baignant de ses pleurs, prévoyant qu'à l'avenir elle ne le verrait plus. Ce pauvre petit nous embrassa toutes bien tendrement, et sortit en fondant en larmes avec les municipaux. Ma mère les chargea de demander au conseil-général la permission de voir son fils, ne fût-ce qu'aux heures des repas; ils le lui promirent. Elle se trouvait accablée par cette séparation ; mais la désolation fut au comble quand elle sut que c'était Simon, cordonnier, qu'elle avait vu municipal, que l'on avait chargé de la personne de son malheureux enfant. Elle demanda sans cesse à le voir et ne put l'obtenir ; mon frère, de son côté, pleura deux jours entiers, en ne cessant de demander à nous voir.

Les municipaux ne restèrent plus chez ma mère; nous fûmes nuit et jour enfermées sous les verroux. Ce nous était un adoucissement d'être débarrassées de la présence de pareilles gens. Les gardes ne venaient plus que trois fois par jour pour apporter les repas et faire la visite des fenêtres, afin de s'assurer si les barreaux n'étaient pas dérangés. Nous n'avions plus personne pour nous servir, et nous l'aimions mieux; ma tante et moi nous faisions les lits et nous servions ma mère. Nous montions sur la tour bien souvent, parce que mon frère y allait de son côté, et que le seul plaisir de ma mère était de le voir passer de loin par une petite fente. Elle y restait des heures entières pour y guetter l'instant de voir cet enfant; c'était sa seule attente, sa seule occupation. Elle n'en savait que rarement des nouvelles, soit par les municipaux, soit par Tison, qui voyait quelquefois Simon. Tison, pour réparer sa conduite passée, se conduisait mieux, et donnait quelques nouvelles à mes parents. Quant à Simon, il maltraitait mon frère au-delà de tout ce qu'on peut imaginer, et d'autant plus qu'il pleurait d'être séparé de nous; enfin il l'effraya tellement, que ce pauvre enfant n'osait plus verser de larmes. Ma tante engagea Tison et ceux qui, par pitié, nous en donnaient des nouvelles, à cacher toutes ces horreurs à ma mère; elle en savait ou en soupçonnait bien assez. Le bruit courut qu'on avait vu mon frère sur le boulevard ; la garde, mécontente de ne pas le voir, disait qu'il n'était plus au Temple. Hélas! nous l'espérâmes un instant ; mais la Convention ordonna de le faire descendre au jardin pour qu'il soit vu. Alors mon frère, qu'on n'avait pas encore eu le temps d'altérer tout-à-fait, se plaignit d'être séparé de ma mère, et demanda à voir la loi qui l'ordonnait ; mais on le fit taire. Les membres de la Convention qui étaient venus pour s'assurer de la présence de mon frère montèrent chez ma mère ; elle leur porta plainte de la cruauté qu'on avait de lui ôter son fils ; ils répondirent qu'on croyait nécessaire de prendre cette mesure. Un nouveau procureur-général vint aussi nous voir ; ses manières nous étonnèrent, malgré tout ce que nous avions appris à connaître depuis nos malheurs. Du moment que cet homme entrait jusqu'à son départ, il ne faisait que jurer.

Le 2 août, à deux heures du matin, on vint nous éveiller pour lire à ma mère le décret de la Convention qui ordonnait que, sur la réquisition du procureur de la commune, elle serait conduite à la conciergerie pour qu'on lui fît son procès. Elle entendit la lecture de ce décret sans s'émouvoir et sans leur dire une seule parole ; ma tante et moi, nous demandâmes de suite à suivre ma mère ; mais on ne nous accorda pas cette grace. Pendant qu'elle fit le paquet de ses vêtements, les municipaux ne la quittèrent point ; elle fut même obligée de s'habiller devant eux. Ils lui demandèrent ses poches, qu'elle donna ; ils les fouillèrent, et prirent tout ce qu'il y avait dedans, quoique cela ne fût pas du tout important. Ils en firent un paquet, qu'ils dirent qu'ils enverraient au tribunal révolutionnaire, où il serait ouvert devant elle. Ils ne lui laissèrent qu'un mouchoir et un flacon dans la crainte qu'elle ne se trouvât mal. Ma mère, après m'avoir tendrement embrassée, et recommandé de prendre courage, d'avoir bien soin de ma tante, et de lui obéir comme à une seconde mère, me renouvela les mêmes instructions que mon père ; puis, se jetant dans les bras de ma tante, elle lui recommanda ses enfants. Je ne lui répondis rien, tant j'étais effrayée de l'idée de la voir pour la dernière fois ; ma tante lui dit quelques mots bien bas. Alors ma mère partit sans jeter les yeux sur nous, de peur sans doute que sa fermeté l'abandonnât. Elle s'arrêta encore au bas de la tour, parce que les municipaux y firent un procès-verbal pour décharger le concierge de sa personne. En sortant, elle se frappa la tête au guichet, ne pensant pas à se baisser; on lui demanda si elle s'était fait du mal: oh! non, dit-elle, rien à présent ne peut me faire du mal. Elle monta en voiture avec un municipal et deux gendarmes. Arrivée à la conciergerie, on la mit dans la chambre la plus sale, la plus humide et la plus mal saine de toute la maison. Elle était gardée à vue par un gendarme, qui ne la quittait ni jour ni nuit. Ma tante et moi, nous étions inconsolables, et nous passâmes bien des jours et des nuits dans les larmes. On avait cependant assuré ma tante, lorsque ma mère était partie, qu'il ne lui arriverait rien.

C'était une grande consolation pour moi de n'être pas séparée de ma tante, que j'aimais tant; mais, hélas! tout changea encore, et je l'ai perdue aussi!

Le lendemain du départ de ma mère, ma

tante demanda instamment en son nom et au mien d'être réunies à elle ; mais elle ne put l'obtenir, et pas même de savoir de ses nouvelles. Comme ma mère, qui n'avait jamais bu que de l'eau, ne pouvait pas supporter celle de la Seine, parce qu'elle lui faisait du mal, nous priâmes les municipaux de lui faire porter de l'eau de Ville-d'Avray, qui passait tous les jours au Temple ; ils y consentirent, et prirent un arrêté en conséquence ; mais il arriva un autre de leurs collègues qui s'y opposa. Peu de jours après, ma mère, pour avoir de nos nouvelles, essaya d'envoyer demander quelque chose qui lui était utile, et entre autre son tricot, parce qu'elle avait entrepris de faire une paire de bas pour mon frère ; nous le lui envoyâmes, ainsi que tout ce que nous trouvâmes de soie et de laine ; car nous savions combien elle aimait à s'occuper : elle avait toujours eu autrefois l'habitude de travailler sans cesse, excepté aux heures de représentation. Aussi avait-elle fait une énorme quantité de meubles, et même un tapis et une infinité de gros tricot de laine de toutes les espèces. Nous rassemblâmes donc tout ce que nous pûmes ; mais nous apprîmes depuis qu'on ne lui avait rien remis, dans la crainte, disait-on, qu'elle ne se fît mal avec les aiguilles. Nous savions quelquefois des nouvelles de mon frère par les municipaux; mais cela ne dura point. Nous l'entendions tous les jours chanter avec Simon la Carmagnole, l'air des Marseillais, et mille autres horreurs. Simon lui mit le bonnet rouge et une carmagnole sur le corps; il le faisait chanter aux fenêtres pour être entendu par la garde, et lui apprenait à prononcer des jurements affreux contre Dieu, sa famille et les aristocrates. Ma mère, heureusement, n'a pas entendu toutes ces horreurs; oh! mon Dieu, quel mal cela lui aurait fait! Avant son départ, on était venu chercher les habits de mon frère; elle avait dit qu'elle espérait qu'il ne quitterait pas le deuil; mais la première chose que fit Simon fut de lui ôter son habit noir. Le changement de vie et les mauvais traitements rendirent mon frère malade vers la fin d'août. Simon le faisait manger horriblement, et boire de force beaucoup de vin, qu'il détestait. Tout cela lui donna bientôt la fièvre; il prit une médecine qui réussit mal, et sa santé se dérangea tout-à-fait. Il était extrêmement engraissé sans prendre de croissance; Simon le menait cependant encore prendre l'air sur la tour.

Au commencement de septembre, j'eus une indisposition qui n'avait d'autre cause que mon inquiétude sur le sort de ma mère. Je n'entendais pas le tambour sans craindre un nouveau 2 septembre. Nous montions sur la tour tous les jours. Les municipaux faisaient exactement la visite trois fois par jour; mais leur sévérité n'empêchait pas que nous ne sussions des nouvelles du dehors, et particulièrement de ma mère, qui était ce qui nous intéressait le plus. Malgré leurs efforts, nous avons toujours trouvé quelques bonnes ames à qui nous inspirions de l'intérêt. Nous apprîmes qu'on accusait ma mère d'avoir eu des correspondances au dehors. Aussitôt nous jetâmes nos écritures, nos crayons, et tout ce que nous conservions encore, craignant qu'on nous fit déshabiller devant la femme de Simon, et que les choses que nous avions ne compromissent ma mère; car nous avions toujours conservé de l'encre, du papier, des plumes et des crayons, malgré les fouilles les plus exactes dans nos chambres et dans nos meubles. Nous sûmes aussi que ma mère avait pu se sauver, et que la femme du concierge était sensible, et en avait un grand soin.

Les municipaux vinrent nous demander du linge pour ma mère, mais sans vouloir nous donner des nouvelles de sa santé. On nous ôta les morceaux de tapisserie qu'elle avait faits, et ceux auxquels nous travaillions, sous le prétexte qu'il pouvait y avoir dans ces ouvrages des caractères mystérieux et une manière particulière d'écrire.

Le 21 septembre, à une heure du matin, Hébert arriva avec plusieurs municipaux pour exécuter un arrêté de la commune, qui portait que nous serions resserrées beaucoup plus que nous ne l'avions été jusque-là; que nous n'aurions plus qu'une chambre; que Tison, qui faisait encore le gros ouvrage, serait mis en prison dans la tourelle; que nous serions réduites au simple nécessaire; que nous aurions un tour à notre porte d'entrée, par lequel on ferait passer nos aliments; et qu'enfin, excepté le porteur d'eau et de bois, personne n'entrerait dans notre chambre. Le tour à la porte n'eut pas lieu, et les municipaux continuèrent d'entrer trois fois par jour pour faire soigneusement la visite des barreaux des fenêtres, des armoires et des commodes. Nous faisions nous-mêmes nos lits, et nous fûmes obligées de balayer la chambre, chose qui durait long-temps par le peu d'habitude que nous en avions dans le commencement. Nous n'eûmes plus personne pour nous servir. Hébert dit à ma tante que, dans la république française, l'égalité était la première des lois, et que, dans les prisons, les autres détenus n'ayant personne pour les servir, il allait nous ôter Tison.

Pour nous traiter avec plus de dureté, on nous priva de tout ce qui nous était commode, par exemple, du fauteuil dont se servait ma tante, et de mille autres choses; nous ne pûmes pas même avoir ce qui était nécessaire. Quand nos repas arrivaient, on fermait brusquement la porte pour que nous ne vissions pas ceux qui nous les apportaient. Nous ne pûmes plus savoir aucune nouvelle, si ce n'est par les colporteurs, mais indistinctement, quoique nous écoutassions bien. On nous défendit de monter sur la tour, et on nous ôta nos grands draps, de peur que, malgré les barreaux, nous ne descendissions par les fenêtres; c'était là le prétexte. On nous rendit des draps sales et gros.

Je crois que c'est dans ce moment-là qu'a commencé le procès de la Reine. J'ai appris depuis sa mort qu'on avait voulu la sauver de la conciergerie, et que, par malheur, le projet n'avait pas réussi. On m'a assurée que les gendarmes qui la gardaient et la femme du concierge avaient été gagnés par quelqu'un de nos amis, qu'elle avait vu plusieurs personnes bien dévouées dans sa prison, entre autres un prêtre qui lui avait administré les sacrements, qu'elle avait reçus avec une grande piété. L'occasion de se sauver manqua une fois, parce qu'on lui avait recommandé de parler à la seconde garde, et que par erreur elle parla à la première. Une autre fois elle était hors de sa chambre, et avait déja passé le corridor, quand un gendarme s'opposa à son départ, quoiqu'il fut gagné, et l'obligea à rentrer chez elle, ce qui fit échouer l'entreprise. Beaucoup de monde s'intéressait à ma mère ; en effet, à moins d'être de ces monstres de la plus vile espèce, comme, hélas! il s'en est trouvé, il était impossible de l'approcher et de la voir quelques instants, sans être pénétré de respect, tant sa bonté tempérait ce que la dignité de son maintien avait d'imposant. Nous ne connûmes aucun de ces détails dans le temps ; nous sûmes seulement que ma mère avait vu un chevalier de Saint-Louis, qui lui avait donné un œillet dans lequel était un billet; mais comme nous fûmes resserrées, nous ne pûmes pas en connaître la suite.

Tous les jours nous étions visitées et fouillées par les municipaux ; le 4 septembre ils arrivèrent à quatre heures du matin pour faire une visite complète, et ôter l'argenterie et la porcelaine. Ils emportèrent ce qu'il en restait chez nous, et n'ayant pu en trouver le compte, ils eurent l'indignité de nous accuser d'en avoir volé; tandis que c'étaient leurs collègues qui l'avaient prise quelques jours avant, mais ils l'avaient cachée. Ils trouvèrent derrière les tiroirs de la commode de ma tante un rouleau de louis ; ils s'en emparèrent sur le champ avec une avidité extraordinaire. Ils interrogèrent soigneusement ma tante, pour savoir qui lui avait donné cet or, depuis quand elle l'avait, et pour qui elle l'avait conservé. Elle répondit que c'était madame la princesse de Lamballe qui le lui avait donné après le 10 août, et que, malgré les fouilles, elle l'avait toujours conservé. Ils lui demandèrent encore qui l'avait donné à madame de Lamballe; ma tante dit qu'elle n'en savait rien. Effectivement les femmes de madame la princesse de Lamballe avaient trouvé moyen de lui faire passer de l'argent au Temple, et elle l'avait partagé avec mes parents. Ils m'interrogèrent aussi, me demandèrent mon nom comme si ils ne le savaient pas, et me firent signer le procès-verbal.

Le 8 octobre à midi, comme nous étions occupées à faire nos chambres et à nous habiller, arrivèrent Pasche, Chaumette et David, membres de la Convention, avec plusieurs municipaux. Ma tante n'ouvrit que quand elle fut habillée. Pasche, se tournant vers moi, me pria de descendre. Ma tante voulut me suivre; on le lui refusa. Elle demanda si je remonterais; Chaumette l'en assura, en disant : *Vous pouvez compter sur la parole d'un bon républicain; elle remontera.* J'embrassai ma tante qui était toute tremblante, et je descendis. J'étais très-embarrassée : c'était la première fois que je me trouvais seule avec des hommes; j'ignorais ce qu'ils me voulaient; mais je me recommandai à Dieu. Chaumette, dans l'escalier, voulut me faire des politesses; je ne lui répondis pas. Arrivée chez mon frère, je l'embrassai tendrement; mais on l'arracha de mes bras, en me disant de passer dans l'autre chambre. Chaumette me fit asseoir; il se plaça en face de moi. Un municipal prit la plume, et Chaumette me demanda mon nom. Ce fut alors Hébert qui m'interrogea; il commença ainsi : Dites la vérité. Cela ne regarde ni vous ni vos parents. — Cela ne regarde pas ma mère? — Non; mais des personnes qui n'ont pas fait leur devoir. Connaissez-vous les citoyens Toulan, Lepitre, Breno, Brugnot, Merle, Michonis? — Non. — Comment, vous ne les connaissez pas? — Non, monsieur. — Cela est faux, surtout pour Toulan, ce petit jeune homme qui venait souvent pour le service du Temple. — Je ne le connais pas plus que les autres. — Vous souvenez-vous d'un jour où vous êtes restée seule dans la tourelle avec votre frère? — Oui. — Vos parents vous y avaient envoyés pour parler plus à leur aise avec ces gens-là? — Non, monsieur; mais pour nous accoutumer au froid. — Que fîtes-vous dans cette tourelle? — Nous parlions, nous jouions. — Et, en sortant, vous êtes-vous aperçue de ce qu'ils portaient à vos parents? — Je ne m'en suis pas aperçue. Chaumette m'interrogea ensuite sur mille vilaines choses dont on accusait ma mère et ma tante. Je fus attérée par une telle horreur, et si indignée, que, malgré toute la peur que j'éprouvais, je ne pus m'empêcher de dire que c'était une infamie. Malgré mes larmes, ils insistèrent beaucoup. Il y a des choses que je n'ai pas comprises, mais ce que je comprenais était si horrible, que je pleurais d'indignation. Il m'interrogea ensuite sur Varennes, et me fit beaucoup de questions auxquelles je répondis le mieux que je pus, sans compromettre personne. J'avais toujours entendu dire à mes parents qu'il valait mieux mourir que de compromettre qui que ce soit. Enfin, mon interrogatoire finit à trois heures : il avait commencé à midi. Je demandai avec chaleur à Chaumette à être réunie à ma mère, lui disant avec vérité que je l'avais demandé plus de mille fois à ma tante. Je n'y puis rien, me dit-il. — Quoi! monsieur, vous ne pouvez pas l'obtenir du conseil-général? — Je n'y ai aucune autorité. Il me fit ensuite reconduire chez moi par trois municipaux, en me recommandant de ne rien dire à ma tante qu'on allait aussi faire descendre. En arrivant, je me jetai dans ses bras; mais on nous sépara, et on lui dit de descendre. On lui fit les mêmes questions qu'à moi sur les personnes qu'on m'avait nommées. Elle dit qu'elle connaissait de nom et de visage ces municipaux et autres qu'on lui nommait, mais que nous n'avions eu aucun rapport avec eux. Elle nia toutes correspondances au dehors, et répondit avec encore plus de mépris aux vilaines choses sur lesquelles on l'interrogea. Elle remonta à quatre heures. Son interrogatoire n'avait duré qu'une heure, et le mien trois : c'est que les députés virent qu'ils ne pouvaient pas l'intimider, comme ils avaient espéré faire d'une personne de mon âge; mais la vie que je menais depuis quatre ans, et l'exemple de mes parents, m'avaient donné plus de force d'ame.

Chaumette nous avait assuré que cela ne regardait ni ma mère, ni nous, et qu'on ne la jugeait pas. Hélas! il nous avait trompées, car on l'interrogea et la jugea peu de temps après. Je ne connais pas bien les circonstances de son procès, que nous avions ignoré ainsi que sa mort; je dirai seulement ce que j'en ai pu découvrir depuis. Elle eut deux défenseurs, MM. Ducoudray et Chauveau-Lagarde. On fit paraître devant elle beaucoup de personnes, parmi lesquelles, hélas! il s'en trouvait plusieurs bien estimables, et d'autres qui ne l'étaient pas. Simon et Mathieu, guichetier du Temple, y comparurent. Je pense à ce qu'a dû souffrir ma mère, quand elle a vu paraître ceux qu'elle savait nous approcher. On fit venir au tribunal le médecin Brunier. On lui demanda s'il connaissait ma mère. — Oui. — Depuis quand? — Depuis 1788, que la Reine m'a confié la santé de ses enfants. — Quand vous alliez au Temple, avez-vous procuré aux détenus des correspondances au dehors? —

Non. Ma mère reprit alors : *Le médecin Brunier, comme vous le savez, n'est jamais venu au Temple, qu'accompagné d'un municipal, et ne nous a parlé qu'en sa présence.* Enfin, chose inouïe! l'interrogatoire de ma mère avait duré trois jours et trois nuits sans discontinuer. On lui parla de toutes les choses indignes sur lesquelle Chaumette nous avait interrogées, et dont l'idée même ne peut venir qu'à de pareilles gens. *J'en appelle à toutes les mères!* est la réponse qu'elle fit à cette infâme accusation. Le peuple en fut attendri. Les juges effrayés, craignant que sa fermeté, sa dignité et son courage n'inspirassent de l'intérêt, se hâtèrent de la condamner à mort. Ma mère entendit cette sentence avec beaucoup de calme. On lui donna un prêtre jureur pour ses derniers moments. Quelque chose qu'il lui dît, après l'avoir refusé avec douceur, elle ne l'écouta plus, et ne voulut pas se servir de son ministère. Elle se mit à genoux, pria Dieu toute seule pendant longtemps, toussa un peu, se coucha ensuite, et dormit quelques heures. Le lendemain, sachant que le curé de Sainte-Marguerite était en prison en face d'elle, elle s'approcha de sa fenêtre, regarda la sienne, et se mit à genoux. On m'a dit qu'il lui avait donné l'absolution ou sa bénédiction. Enfin, ayant fait le sacrifice de sa vie, elle alla à la mort avec courage, au milieu des jurements qu'un malheureux peuple égaré proférait contre elle. Son courage ne l'abandonna pas sur la charrette, ni sur l'échafaud. Elle en montra autant à sa mort que pendant sa vie.

Ainsi mourut, le 16 octobre 1793, Marie-Antoinette-Jeanne-Josephe de Lorraine, fille d'un empereur, et femme d'un roi de France. Elle était âgée de trente-sept ans et onze mois, et avait été vingt-trois ans en France. Elle mourut huit mois après son mari, Louis XVI.

Nous ignorions, ma tante et moi, la mort de ma mère, quoique nous eussions entendu crier sa condamnation par un colporteur; l'espérance, si naturelle aux malheureux, nous fit penser qu'on l'avait sauvée.

Nous nous refusions à croire à un abandon général; au reste, je ne sais pas encore comment les choses se sont passées au dehors, ni si, moi-même, je sortirai jamais de cette prison, quoiqu'on m'en donne l'espèrance.

Il y avait des instants où, malgré notre espoir dans les puissances, nous avions de vives inquiétudes pour ma mère, en voyant la rage de ce malheureux peuple contre nous tous. Je suis restée dans ce cruel doute pendant un an et demi; alors seulement j'ai appris mon malheur, et la mort de ma respectable mère.

Nous apprîmes par les colporteurs la mort du duc d'Orléans : ce fut la seule nouvelle qui nous parvint durant l'hiver. Cependant les fouilles recommencèrent, et l'on nous traita avec beaucoup de dureté. Ma tante, qui, depuis la révolution, avait un cautère au bras, eut beaucoup de peine d'obtenir ce qui était nécessaire pour le soigner; on le lui refusa long-temps; enfin, un jour, un municipal remontra l'inhumanité de ce procédé, et envoya chercher de l'onguent. On me priva aussi des moyens de faire des jus-d'herbes que ma tante me faisait prendre le matin pour ma santé. N'ayant plus de poissons, elle demanda des œufs ou d'autres plats pour les jours maigres; on les lui refusa, en disant que pour l'égalité, il n'y avait pas de différence dans les jours; qu'il n'y avait plus de semaines, mais des décades. On nous apporta un nouvel almanach; nous n'y regardâmes pas. Un autre jour que ma tante demanda encore du maigre, on lui répondit : Mais, citoyenne, tu ne sais donc pas ce qui se passe : il n'y a plus que des sots qui croient à tout cela. Elle ne fit plus aucune demande. On continua les fouilles, particulièrement au mois de novembre. Il fut ordonné de nous fouiller tous les jours trois fois. Il y en eut une qui dura depuis quatre heures jusqu'à huit heures et demie du soir. Les quatre municipaux qui la firent étaient tout-à-fait ivres. On ne peut se faire une idée de leurs propos, de leurs injures, de leurs jurements, pendant quatre heures. Ils nous emportèrent des bagatelles, comme nos chapeaux, des cartes avec des rois, et des livres où il y avait des armes; cependant ils laissèrent les livres de religion, après avoir proféré mille impuretés et mille sottises. Simon nous accusa de faire de faux assignats, et d'avoir des correspondances au-dehors. Il prétendait que nous avions communiqué avec mon père pendant son procès. Il en fit la déclaration au nom de mon pauvre petit frère, qu'il avait forcé de signer. Le bruit qu'il disait être celui de la fausse monnaie qu'il nous accusait de faire, ma tante et moi, était celui de notre tric-trac, parce que, voulant me distraire un peu, elle eut la bonté de m'apprendre ce jeu. Nous y jouions le soir, pendant l'hiver qui se passa assez tranquillement, malgré les inquisitions, les visites, et les fouilles. On nous donna du bois, qu'on nous avait d'abord refusé.

Le 19 janvier, nous entendîmes chez mon frère un grand bruit, qui nous fit conjecturer qu'il s'en allait du Temple, et nous en fûmes convaincues quand, regardant par le trou de la serrure, nous vîmes emporter des paquets. Les jours d'après nous entendîmes ouvrir la porte, et marcher dans la chambre, et nous restâmes toujours persuadées qu'il était parti. Nous crûmes qu'on avait mis en bas quelque personnage considérable; mais j'ai su depuis que c'était Simon qui était parti : forcé d'opter entre la place de municipal et celle de gardien de mon frère, il avait préféré la première.

J'ai su aussi qu'on avait eu la cruauté de laisser mon pauvre frère seul; barbarie inouïe, et qui n'a sûrement jamais eu d'exemple, d'abandonner ainsi un malheureux enfant de huit ans, déja malade, et de le tenir enfermé dans sa chambre sous clef et verroux, sans autre secours qu'une mauvaise sonnette qu'il ne tirait jamais, tant il avait frayeur des gens qu'il aurait appelés, et aimant mieux manquer de tout que de demander la moindre chose à ses persécuteurs. Il était dans un lit qu'on n'avait pas remué pendant plus de six mois, et qu'il n'avait plus la force de faire; les puces et les punaises le couvraient, son linge et sa personne en étaient pleins. On ne l'a pas changé de chemise et de bas pendant plus d'un an; ses ordures restaient aussi dans sa chambre, jamais personne ne les a emportées pendant tout ce temps. Sa fenêtre, fermée au cadenas avec des barreaux, n'était jamais ouverte, et l'on ne pouvait tenir dans sa chambre à cause de l'odeur infecte. Il est vrai que mon frère se négligeait; il aurait pu avoir un peu plus de soins de sa personne, et se laver au moins, puisqu'on lui mettait une cruche d'eau; mais ce malheureux enfant mourait de peur : il ne demandait jamais rien, tant Simon et les autres gardiens le faisaient trembler. Il passait la journée à ne rien faire : on ne lui donnait point de lumière ; cet état faisait beaucoup de mal à son moral et à son physique. Il n'est pas étonnant qu'il soit tombé dans un marasme si effrayant ; le temps qu'il a été en bonne santé et qu'il a résisté à tant de cruautés prouve sa forte constitution.

On nous tutoya beaucoup pendant l'hiver : nous méprisions toutes les vexations, mais ce dernier degré de grossièreté faisait toujours rougir ma tante et moi.

Elle fit son carême entier, quoique privée d'aliments maigres ; elle ne déjeunait pas ; elle prenait à dîner une écuelle de café au lait (c'était son déjeuner qu'elle gardait), et le soir elle ne mangeait que du pain. Elle m'ordonnait de manger ce qu'on m'apportait, n'ayant pas l'âge porté pour faire abstinence ; mais pour elle rien n'était plus édifiant : depuis le temps où on lui avait refusé du maigre, elle n'avait pas pour cela interrompu les devoirs prescrits par la religion. Au commencement du printemps on nous ôta la chandelle, et nous nous couchions lorsqu'on n'y voyait plus.

Jusqu'au 9 mai, il ne se passa rien de remarquable. Ce jour-là, au moment où nous allions nous mettre au lit, on ouvrit les verroux et on vint frapper à notre porte. Ma tante dit qu'elle passait sa robe; on lui répondit que cela ne pouvait pas être si long, et on frappa si fort, qu'on pensa enfoncer la porte. Elle ouvrit quand elle fut habillée. On lui dit : Citoyenne, veux-tu bien descendre. — Et ma nièce. — On s'en occupera après. Ma tante m'embrassa et me dit de me calmer, qu'elle allait remonter. Non citoyenne, tu ne remonteras pas, lui dit-on; prends ton bonnet et descends. On l'accabla alors d'injures et de grossièretés; elle les souffrit avec patience, prit son bonnet, m'embrassa encore, et me dit d'avoir du courage et de la fermeté, d'espérer toujours en Dieu, de me servir des bons principes de religion que mes parents m'avaient donnés, et de ne point manquer aux dernières recommandations de mon père et de ma mère. Elle sortit : arrivée en bas, on lui demanda ses poches, où il n'y avait rien; cela dura long-temps, parce que les municipaux firent un procès-verbal pour se décharger de sa personne. Enfin, après mille injures, elle partit avec l'huissier du tribunal, monta dans un fiacre, et arriva à la conciergerie, où elle passa la nuit. Le lendemain, on lui fit trois questions : son nom? — *Élisabeth de France.* — Où étais-tu le 10 août? — *au château des Tuileries, auprès du Roi mon frère.* — Qu'as-tu fait de tes diamants? — *Je ne sais pas. Au reste toutes ces questions sont inutiles : vous voulez ma mort; j'ai fait à Dieu le sacrifice de ma vie, et je suis prête à mourir; heureuse d'aller rejoindre mes respectables parents, que j'ai tant aimés sur la terre.* On la condamna à mort.

Elle se fit conduire dans la chambre de ceux qui devaient périr avec elle : elle les exhorta tous à la mort avec une présence d'esprit, une élévation et une onction qui les fortifia tous. Sur la charrette elle eût toujours le même calme, et encouragea les femmes qui étaient avec elle. Arrivée au pied de l'échafaud, on eût la cruauté de la faire périr la dernière. Toutes les femmes, en descendant de la charrette, lui demandèrent la permission de l'embrasser; ce qu'elle fit en les encourageant avec sa bonté ordinaire. Ses forces ne l'abandonnèrent pas jusqu'au dernier moment, qu'elle souffrit avec une résignation toute pleine de religion.

Son ame fut séparée de son corps pour aller jouir du bonheur dans le sein d'un Dieu qu'elle avait beaucoup aimé.

Marie-Philippine-Élisabeth-Hélène, sœur du Roi Louis XVI, mourut le 10 mai 1794, âgée de 30 ans, après avoir toujours été un modèle de vertus. Depuis l'âge de quinze ans, elle s'était donnée à Dieu, et ne songeait qu'à son salut. Depuis 1790, que j'ai été plus en état de l'apprécier, je n'ai vu en elle que religion, amour de Dieu, horreur du péché, douceur, piété, modestie, et grand attachement à sa famille pour qui elle a sacrifié sa vie, n'ayant jamais voulu quitter le Roi et la Reine. Enfin ce fut une princesse digne du sang dont elle sortait. Je n'en puis dire assez de bien pour les bontés qu'elle a eues pour moi, et qui n'ont fini qu'avec sa vie. Elle me regarda et me soigna comme sa fille, et moi je l'honorai comme une seconde mère; je lui en ai voué tous les sentiments. On disait que nous nous ressemblions beaucoup de figure : je sens que j'ai de son caractère; puissé-je avoir toutes ses vertus, et l'aller rejoindre un jour, ainsi que mon père et ma mère dans le sein de Dieu, où je ne doute pas qu'ils ne jouissent du prix d'une mort qui leur a été si méritoire!

Je restai dans une grande désolation quand je me vis séparée de ma tante; je ne savais ce qu'elle était devenue, et on ne voulut pas me le dire. Je passai une bien cruelle nuit, et cependant, quoique je fusse très-inquiète sur son sort, j'étais loin de croire que j'allais la perdre dans quelques heures. Quelquefois je me persuadais qu'on la conduisait hors de France; mais, quand je me rappelais la manière dont on l'avait emmenée, toutes mes craintes renaissaient. Le lendemain, je demandai aux municipaux ce qu'elle était devenue : ils me dirent qu'elle avait été prendre l'air; je renouvelai la demande d'être réunie à ma mère, puisque j'étais séparée de ma tante; ils me répondirent qu'ils en parleraient. On vint ensuite m'apporter la clef de l'armoire où était le linge de ma tante; je demandai de le lui faire passer, parce qu'elle n'en avait point; on me dit qu'on ne le pouvait pas. Voyant que lorsque je demandais aux municipaux d'être réunie à ma mère et de savoir des nouvelles de ma tante, ils me répondaient toujours qu'ils en parleraient, et me souvenant que ma tante m'avait dit que si jamais je restais seule, mon devoir étais de demander une femme, je le fis pour lui obéir, mais avec répugnance, bien sûre d'être refusée, ou de n'obtenir que quelque vilaine femme. En effet, quand je fis cette demande aux municipaux, ils me dirent que je n'en avais pas besoin. Ils redoublèrent de sévérité pour moi et m'ôtèrent les couteaux qui m'avaient été rendus, en me disant : Citoyenne, dis nous donc, as-tu beaucoup de couteaux ? — Non, messieurs, deux seulement. — Et dans ta toilette, tu n'en as pas, ni des ciseaux ? — Non, messieurs. Une autrefois ils m'ôtèrent le briquet; ayant trouvé le poële chaud, ils me dirent : Peut-on savoir pourquoi tu as fait du feu ? — Pour mettre mes pieds dans l'eau. — Avec quoi as-tu allumé le feu ? — Avec le briquet.

— Qui te l'a donné? — Je ne sais pas. — Provisoirement nous allons te l'ôter; c'est pour ta santé, de peur que tu ne t'endormes, et ne te brûles auprès du feu. Tu n'as pas autre chose? — Non messieurs. Les visites et de pareilles scènes se renouvelaient souvent ; mais, excepté lorsque j'étais interrogée positivement, je ne parlais jamais, ni à ceux qui m'apportaient à manger. Il vint un jour un homme, je crois que c'était Robespierre ; les municipaux avaient beaucoup de respect pour lui. Sa visite fut un secret pour les gens de la tour, qui ne surent pas qui il était, ou qui ne voulurent pas me le dire. Il me regarda insolemment, jeta les yeux sur les livres, et, après avoir cherché avec les municipaux, il s'en alla. Les gardes étaient souvent ivres ; cependant ils nous laissèrent tranquilles, mon frère et moi, dans nos appartements, jusqu'au 9 thermidor.

Mon frère croupissait toujours dans la malpropreté ; on n'entrait chez lui qu'aux heures des repas ; on n'avait aucune pitié de ce malheureux enfant. Il ne se trouva qu'un seul garde, dont les manières plus honnêtes m'engagèrent à lui recommander mon pauvre frère. Il osa parler de la dureté qu'on avait pour lui; mais il fut chassé le lendemain. Pour moi, je ne demandais que le simple nécessaire; souvent on me le refusait avec dureté. Mais au moins je me tenais propre; j'avais du savon et de l'eau. Je balayais la chambre tous les jours; j'avais fini à neuf heures, que les gardes entraient pour m'apporter à déjeuner. Je n'avais pas de lumière; mais dans les grands jours je souffrais moins de cette privation. On ne voulait plus me donner de livres: je n'en avais que de piété et des voyages que j'avais lus mille fois; j'avais aussi un tricot qui m'ennuyait beaucoup.

Tel était notre état, quand le 9 thermidor arriva; j'entendis battre la générale et sonner le tocsin; je fus très-inquiète. Les municipaux qui étaient au Temple ne bougèrent pas. Quand on m'apporta à dîner, je n'osai demander ce qui se passait; enfin, le 10 thermidor à six heures au matin, j'entendis un bruit affreux au Temple; la garde criait aux armes, le tambour rappelait, les portes s'ouvraient et se fermaient. Tout ce tapage était occasioné par une visite des membres de l'Assemblée nationale, qui venaient s'assurer si tout était tranquille. J'entendis les verroux de la porte de mon frère qu'on ouvrait; je me jetai hors de mon lit et j'étais habillée quand les membres de la convention arrivèrent chez moi. Barras était du nombre; ils étaient en grand costume, ce qui m'étonna, n'étant pas accoutumée à les voir ainsi, et craignant toujours quelque chose. Barras me parla, m'appela par mon nom, et fut étonné de me trouver levée; on me dit encore plusieurs choses auxquelles je ne répondis pas. Ils partirent, et je les entendis haranguer les gardes sous les fenêtres, et leur recommander d'être fidèles à la Convention nationale. Il s'éleva mille cris de vive la république! vive la Convention! La garde fut doublée; les trois municipaux qui étaient au Temple y restèrent huit jours. A la fin du troisième jour, à neuf heures et demie, j'étais dans mon lit, n'ayant point de lumière, et ne dormant pas, tant j'avais d'inquiétude de ce qui se passait; on frappa à ma porte pour me montrer à Laurent, commissaire de la Convention, chargé de garder mon frère et moi.

Je me levai; ces messieurs firent une grande visite, en montrant tout à Laurent, puis ils s'en allèrent.

Le lendemain, à dix heures, Laurent entra dans ma chambre; il me demanda avec politesse, si je n'avais besoin de rien. Il entrait tous les jours trois fois chez moi, toujours avec honnêteté, et ne me tutoyait pas. Il ne fit jamais la visite des bureaux et commodes. La Convention envoya au bout de trois jours une députation pour constater l'état de mon frère; elle en eut pitié, et ordonna qu'on le traitât mieux. Laurent fit descendre un lit qui était dans ma chambre, le sien étant rempli de punaises; il lui fit prendre des bains, et lui ôta la vermine dont il était couvert. Cependant on le laissa encore seul dans sa chambre. Je demandai bientôt à Laurent ce qui m'intéressait si vivement, c'est-à-dire des nouvelles de mes parents, dont j'ignorais la mort, et d'être réunie à ma mère. Il me répondit avec un air très-peiné que cela ne le regardait pas.

Le lendemain, vinrent des gens en écharpe, auxquels je fis les mêmes questions. Ils me répondirent aussi que cela ne les regardait pas, et qu'ils ne savaient pas pourquoi je demandais à n'être plus ici, parce qu'il leur paraissait que j'y étais très-bien. Il est affreux, leur dis-je, d'être séparée de sa mère depuis plus d'un an, sans savoir de ses nouvelles, ainsi que de sa tante. Vous n'êtes pas malade? — Non, monsieur; mais la plus cruelle maladie est celle du cœur. — Je vous dis que nous n'y pouvons rien; je vous conseille de prendre patience, et d'espérer en la justice et la bonté des Français. Je ne répondis plus rien. Je fus exposée le lendemain par l'explosion de Grenelle, qui me fit grand'peur. Pendant tout ce temps-là, mon frère resta toujours seul. Laurent entrait chez lui trois fois par jour; mais, dans la crainte de se compromettre, il n'osait pas faire davantage, étant surveillé. Il avait plus de soin de moi; je n'ai eu qu'à me louer de ses manières pendant tout le temps qu'il a été de service. Il me demandait souvent si je n'avais besoin de rien, et me priait de lui dire ce que je voudrais, et de me sonner quand j'aurai besoin de quelque chose. Il me rendit un briquet et de la chandelle.

A la fin d'octobre, à une heure du matin, je dormais, lorsqu'on frappa à la porte; je me levai à la hâte, et j'ouvris, toute tremblante de frayeur. Je vis deux hommes du comité avec Laurent; ils me regardèrent, et sortirent sans rien dire.

Au commencement de novembre arrivèrent des commissaires civils, c'est-à-dire un homme de chaque section, qui venait passer vingt-quatre heures au Temple pour constater l'existence de mon frère. Dans les premiers jours de ce mois, il arriva un autre commissaire nommé Gomier pour rester avec Laurent. Il eut un soin extrême de mon frère. Depuis long-temps, on avait laissé ce malheureux enfant sans lumière; il mourait de peur. Gomier obtint qu'il en eût à la fin du jour; il passait même quelques heures auprès de lui pour l'amuser. Il s'aperçut bientôt que les genoux et les poignets de mon frère étaient enflés; il crut qu'il allait se nouer; il en parla au comité, et demanda qu'il descendît au jardin pour faire de l'exercice. Il le fit d'abord descendre de sa chambre dans le petit salon, ce qui plaisait beaucoup à mon frère, parce qu'il aimait à changer de lieu. Il reconnut bientôt les attentions de Gomier, en fut touché, et s'attacha à lui. Ce malheureux n'était accoutumé depuis long-temps qu'aux plus mauvais traitements; car je crois qu'il n'y a pas d'exemple de recherches d'une telle barbarie envers un enfant. Le 19 décembre, le comité général vint au Temple à cause de sa maladie. Cette députation vint aussi chez moi, mais on ne me dit rien. L'hiver se passa assez tranquillement. J'étais satisfaite de l'honnêteté de mes gardiens; ils voulurent faire mon feu, et me donnèrent du bois à discrétion, ce qui me fit plaisir. Ils m'apportèrent aussi les livres que je demandais; Laurent m'en avait déja procurés. Mon plus grand malheur était de ne pouvoir obtenir d'eux des nouvelles de ma mère et de ma tante; je n'osais pas leur en demander de mes oncles et de mes grand'tantes, mais j'y pensais sans cesse.

Pendant l'hiver, mon frère eut quelques accès de fièvre; il était toujours auprès du feu. Laurent et Gomier l'engageaient à monter sur la tour pour prendre l'air; mais il y était à peine qu'il voulait redescendre; il ne voulait pas marcher, et encore moins monter : sa maladie empirait, et ses genoux enflaient beaucoup.

Laurent s'en alla, et on mit à sa place Loine, brave homme, qui eut avec Gomier beaucoup de soin de mon frère.

Au commencement du printemps, ils m'engagèrent à monter sur la tour, ce que je fis. La maladie de mon frère empirait de jour en jour : ses forces diminuaient; son esprit même se ressentait de la dureté qu'on avait si longtemps exercée envers lui, et s'affaiblissait insensiblement. Le comité de sûreté générale envoya pour le soigner le médecin Dessault; il entreprit de le guérir, quoiqu'il reconnût que sa maladie était bien dangereuse. Dessault mourut; on lui donna pour successeurs Dumangin et le chirurgien Pelletan. Ils ne conçurent aucune espérance. On lui fit prendre des médicaments, qu'il avala avec beaucoup de peine. Heureusement sa maladie ne le faisait pas beaucoup souffrir; c'était plutôt un abattement et un dépérissement que des douleurs vives. Il eut plusieurs crises fâcheuses; la fièvre le prit, ses forces diminuaient chaque jour, et il expira sans agonie.

Ainsi mourut le 9 juin 1795, à trois heures après midi, Louis XVII, âgé de dix ans et deux mois. Les commissaires le pleurèrent amèrement, tant il s'était fait aimer d'eux par ses qualités aimables. Il avait eu beaucoup d'esprit : mais la prison et les horreurs dont il a été la victime l'avaient bien changé ; et même, s'il eût vécu, il est à craindre que son moral n'en eût été affecté.

Je ne crois pas qu'il ait été empoisonné, comme on l'a dit et comme on le dit encore ; cela est faux d'après le témoignage des médecins qui ont ouvert son corps, où ils n'ont pas trouvé le moindre vestige de poison. Les drogues qu'il avait prises dans sa dernière maladie ont été décomposées, et se sont trouvées saines. Le seul poison qui ait abrégé ses jours, c'est la malpropreté, jointe aux horribles traitements, à la cruauté et aux duretés sans exemple qu'on a exercés envers lui.

Telles ont été la vie et la fin de mes vertueux parents, pendant leur séjour au Temple et dans les autres prisons.

Fait à la tour du Temple.

www.ingramcontent.com/pod-product-compliance
Ingram Content Group UK Ltd.
Pitfield, Milton Keynes, MK11 3LW, UK
UKHW021056270726
13967UKWH00012B/1969